„Für Simon, Sophie, Levi und Klara
und auch für dich."
Vera Schmidt

# Vera Schmidt

# Mops und Kätt

## fahren ans Meer

cbj

# Inhalt

# Eine Reise ans Meer

Die Landschaft wird flacher.

Ja, wir nähern uns der Küste. Bald sind wir da.

Ich kann es kaum erwarten, das Meer zu sehen! Endlich Urlaub!

Vergiss nicht, dass wir arbeiten müssen. Immerhin haben wir versprochen, auf den alten Leuchtturm von Herrn und Frau Kegelrob aufzupassen.

So stand es in der Annonce.

## House-Sitting am Meer

Wir suchen nette Urlauber, die für eine Woche auf unseren Leuchtturm aufpassen möchten.
Die Unterkunft ist kostenlos, wenn kleinere Aufgaben übernommen werden.
Bei Interesse bitte melden.
Chiffre 8571

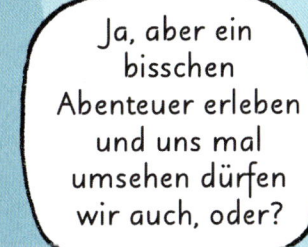

Ja, aber ein bisschen Abenteuer erleben und uns mal umsehen dürfen wir auch, oder?

Klar!

Wir sind da!

Endlich!

9

KAWUMM!

BAHNHOF

Was ist denn das für ein ekliges Wetter plötzlich?!

11

# Bei Knut und Gundel

Nach dem Essen.

Ein kleines Boot auf hoher See...

Jahi Jaho Jaheee

So, nu erzählt mal, seid ihr bereit für die wilde Nordsee und ihre verborgenen Schätze?

Wieso wild? Und was für Schätze?

Ach hört nicht auf ihn, der redet viel, wenn der Tag lang ist.

Aber doch, Gundel, Rungholt zum Beispiel gab es wirklich! Eine versunkene Stadt aus dem Mittelalter! Man nennt sie auch das Nordsee-Atlantis.

Warum ist sie denn versunken?

Eine Sturmflut hat sie verschluckt!

Was ist eine Sturmflut??

Eine Sturmflut kann entstehen, wenn bei einem starken Sturm der Wind ganz viel Wasser an die Küste drückt. Manchmal kommt es dann zu Überflutungen.

Oh je, wie furchtbar!

Ja, eine Tragödie! All die schönen Schätze, die jetzt auf dem Meeresgrund liegen ...

Echte Schätze?

Ja, manchmal sieht man sie nachts in der Ferne leuchten und glitzern!

Unsinn, das Glitzern kommt von der Meeresleuchtalge, das weiß doch jeder! So jetzt aber in die Kojen mit euch, ihr könnt ja kaum noch geradeaus gucken! Morgen ist auch noch ein Tag!

Gute Nacht ...

Gute Nacht, Mops. Ich freu mich schon auf morgen. Du dich auch?

Gute Nacht, Kättchrchrchch ...

ZZZ

15

# Der Leuchtturm

Guten Morgen, na, gut geschlafen? Seid ihr fit für die Leuchtturm-Tour, bevor wir abfahren?

Oh ja!

Ihr müsst ja wissen, was alles zu tun ist, während wir weg sind.

Wie schön, dass ihr auf den Leuchtturm aufpasst. Bisher hatten wir uns nie getraut, mal Urlaub zu nehmen.

Das machen wir gerne!

Dann mal los. Gundel, kurbelst du mich hoch?

Mein alter Seebär hat's nicht so mit Treppensteigen.

Wie praktisch, ich komme mit. Kätt?

Nee, ich nehme die Treppe, mal sehen, wer schneller ist!

17

Uff!

Haha, Erste!

Wow!

Was für eine Aussicht!

Ja, wirklich beeindruckend!!

Wenn der Fahrstuhl doch nur bis ganz nach oben ginge ...

Die Aussicht lohnt die Mühe, nicht wahr? So, Kätt, nu komm mal rein, ich erklär euch jetzt den Leuchtturm, damit ihr den Touristen was zu zeigen habt.

Hier sind die großen Linsen. Sie sind so geformt, dass sie das Licht bündeln und dadurch verstärken.

Und das Ganze dreht sich dann?

Genau. Dadurch sieht man das Leuchtfeuer kurz aufblitzen.

Woher kommt das Licht?

Guck, das kann man aufklappen. Dahinter ist die Lampe. Früher hatte der Leuchtturm noch eine Petroleumlampe, später dann diese Halogenlampe.

Sie ist ausgeschaltet, weil der Leuchtturm nicht mehr in Betrieb ist. Die Schalter sind im Raum darunter.

Warum ist er nicht mehr in Betrieb?

Nun ja, früher half das Signalfeuer dem Schiffskapitän beim Navigieren, also in die richtige Richtung zu fahren und nicht auf Sandbänke oder Felsen aufzulaufen.

Doch die Zeiten haben sich geändert. Die Schiffe kommen nun mit ihren modernen Navigationsinstrumenten alleine klar und deswegen gibt es nur noch wenige aktive Leuchttürme.

Aber die sind doch so spannend!

Deswegen zeigen wir unseren Leuchtturm auch den Touristen und erzählen von den alten Zeiten.

Und die Schiffe, die auf Sandbänke und Felsen aufliefen, bevor es den Leuchtturm gab, sind die dann gesunken?

Ja, die Bucht ist voller alter Schiffswracks.

Sind da auch Schätze drin??

Vielleicht.

Oh, ich würde zu gerne mal danach tauchen!

Hehe, mein Neffe Kalle hat eine Tauchbasis am Pier, frag ihn doch mal!

Das mach ich! Gleich nachher!

Muss das sein?!

So, aber jetzt zurück zu euren Aufgaben.

Die Linsen müssen bitte täglich geputzt werden, damit sie auch schön glänzen und das Geländer draußen müsste auch neu gestrichen werden.

Machen wir!

Und wenn das Wetter mal wieder etwas feuchter wird und ihr auf den Balkon oder ins Watt wollt, habe ich unten für euch passende Schietwetterkleidung. Hat Gundel noch schnell genäht.

Schietwetterkleidung??

Im Materialraum darunter.

So, die passen doch wunderbar!

Na ja ...

Und jetzt zu den Gezeiten! Ganz wichtig, wenn ihr ins Watt gehen möchtet!

Was sind Gezeiten? Und das Watt?

Die Gezeiten, oder Tiden, also Ebbe und Flut, entstehen durch die Anziehungskraft des Mondes.

Schaut hier, der Mond zieht das Wasser auf der einen Seite zu sich und auf der gegenüberliegenden Seite steigt das Wasser wegen der Fliehkraft an, die durch die Drehung der Erde entsteht.

Flut
Ebbe
Mond
Flut
Anziehungs-kraft des Mondes
Ebbe
FliehKraft der Erde

Stimmt es, dass es täglich zweimal zu Ebbe und Flut kommt?

Ganz genau. Das liegt daran, dass sich die Erde in 24 Stunden einmal um ihre eigene Achse dreht. Ebbe und Flut wechseln sich alle sechs Stunden ab.

Und ohne die starke Ebbe hier an der Nordsee gäbe es auch das Watt nicht. Das ist nämlich der Meeresboden, der zweimal am Tag freigelegt wird. Dann kann man darauf herumspazieren.

Das ist ja cool!

Aber man muss gut aufpassen und wissen, wann die Flut kommt. Denn das geschieht schneller, als man denkt! Wenn dann der Weg zurück zum Ufer zu lang ist, kann man ertrinken.

Also immer schön auf den Tidenkalender gucken!

Knuhuuuuuut, wir müssen jetzt lohoooooos! Der Zug fährt bald!

Oh, wie die Zeit vergeht! Kommt, lasst uns schnell runtergehen.

Also dann macht's mal gut, bis in einer Woche.

Schönen Urlaub!

Auf Wiedersehen!

Das Watt

Juhu, der Urlaub kann beginnen! Los, Mops, lass uns das Watt erkunden!

Aber wir müssen doch das Geländer streichen ...

Ach was, dafür haben wir doch noch die ganze Woche Zeit!

Na gut. Sollen wir die Gummistiefel anziehen?

Kann vielleicht nicht schaden.

Unbequeme Dinger ...

Huch??

Ach komm, ohne geht auch! Wir lassen sie hier und holen sie später.

Guck mal, wie der Matsch durch die Pfoten quillt, hihi!

Neiiiin! So ein Mist! Schon wieder entwischt!

Tut mir leid! Was war das denn?

Ein ganz besonders langer, saftiger Wattwurm. Ich bin ihm schon seit Jahren hinterher!

Ein Wattwurm??

Ja! Ihr seid wohl nicht von hier?

Nein, wir sind Mops und Kätt, wir machen hier Urlaub und passen auf den alten Leuchtturm von Knut und Gundel auf.

Ah, wie schön, willkommen! Ich bin Ahab. Also Käpt'n Ahab, genauer gesagt.

29

Es war schrecklich, die Wellen waren riesig und schlugen über uns zusammen, die „Fliegende Krabbe" kämpfte und kämpfte, aber verlor ...

Was passierte?

Das Schiff zerbrach und sank ...

Die Besatzung, alles See- und Lufttiere, konnte sich zum Glück retten.

Hattet ihr Schätze an Bord?

Nein, aber meine geliebte Kapitänsmütze und mein Zeremonien-Holzbein mitsamt dem Schrank, in dem sie lagen, gingen ebenfalls unter.

Oh!

Dann hast du dein Bein und dein Auge nicht in diesem Sturm verloren?

Nein ... das passierte vor Jahren.

Der Hai, der mich damals erwischte, hat jetzt auch ein Auge weniger. Immerhin.

Wow!

33

# Am Meeresgrund

Hallo Kalle!

Moin moin, wie kann ich euch helfen?

Wir sind Mops und Kätt und passen auf den Leuchtturm deines Onkels auf. Wir würden gerne tauchen und da hat er uns zu dir geschickt.

Ja toll, freut mich, euch kennenzulernen! Die Unterwasserwelt der Nordsee hat viel zu bieten. Es gibt viele spannende Tauchplätze!

Wir würden gerne zum Wrack von Käpt'n Ahabs Schiff tauchen.

Oha! Ja, das ist auch sehr hübsch. Mittlerweile schön bewachsen und voller Fische!

Dort ist etwas, was wir gerne bergen würden ...

Ach ja??

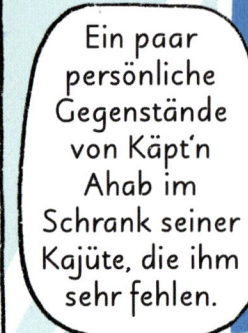
Ein paar persönliche Gegenstände von Käpt'n Ahab im Schrank seiner Kajüte, die ihm sehr fehlen.

Wie interessant!

Seid ihr denn schon mal an einem Wrack getaucht?

Wir sind noch nie getaucht!

Ohauehaueha! Dann muss ich euch erst mal ein paar Dinge erklären!

Erstens: Wenn ihr abtaucht, nimmt der Wasserdruck pro Meter stetig zu. Das werdet ihr in euren Ohren spüren. Schlucken oder durch die zugehaltene Nase ausatmen macht die Ohren wieder frei.

Zweitens: Je tiefer und länger ihr taucht, desto mehr Stickstoff löst sich durch den Wasserdruck in eurem Blut und wird zu Bläschen. Wenn ihr zu schnell auftaucht, dehnen sich diese Bläschen aus und das ist sehr gefährlich und nennt sich Taucherkrankheit. Also immer schön langsam auftauchen, dann kann der Körper die Bläschen wieder rechtzeitig abbauen.

Drittens: Wenn ihr das beachtet und immer in meiner Nähe bleibt, ist Tauchen eine großartige Sache! Wie fliegen, nur in Zeitlupe!

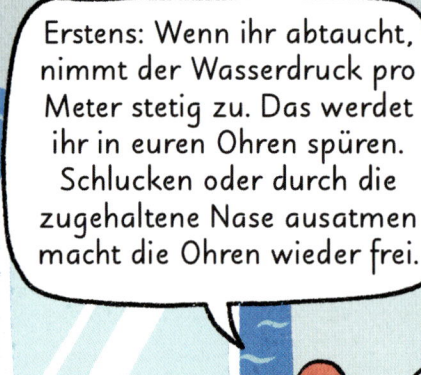

Oje ....

Da sind wir. Hier beginnt ein schönes Riff, das zum Wrack führt.

Da wir, bis auf Mops mit seinem Helm, unter Wasser nicht sprechen können, schreibe ich euch auf die Tafel, was wir alles Schönes sehen werden.

Mops, du bekommst durch deinen Schlauch Luft von Piet, dem Bootsmann, und der zieht dich dann auch wieder hoch.

O.k.!

Also, los geht's! Rolle rückwärts!

Quietsch

Huch??

38

Achtung da oben!!!

He!

Ein Riesenhai! Gerade noch mal gut gegangen! Aber die fressen eh nur Plankton, haha!

Ist mir schwindlig ... Ich glaube, ich werde ohnmächtig!

Oha! Sieh an, was sich dahinter verbirgt. Fast vorbeigeschwommen!

Wooooooow!!!

Der Schatz

44

45

Oh, da kommen jetzt aber dunkle Wolken.

Ach, sicher nur ein kleiner Regenschauer.

Lass uns trotzdem lieber reingehen, es kommt auch Wind auf.

Geht schon los.

Kleiner Regenschauer? Ich glaube, das wird was Größeres ...

KRA-WUUMM!

Ich hatte sie gewarnt, dass es viel zu spät sei, aber diese Dummköpfe wollten einfach nicht hören. Haben nur doof gelacht und meinten, dass sie danach noch zum Leuchtturm wollten.

Ich habe sie letztendlich ziehen lassen, aber dann ist auch noch das Wetter umgeschlagen. Deswegen bin ich zu euch geflogen, um zu überprüfen, ob sie bei euch aufgetaucht sind.

Da war auch so ein komischer Typ dabei. Groß, mit langen Armen und Beinen und rosa! Ich hab noch nie so ein Tier gesehen ...

Was?? Das klingt aber stark nach ...

Aber das kann ja nicht sein!

Rocky!!!*

Kennt ihr den etwa???

*Siehe „Mein Abenteuercomic. Mops und Kätt entdecken den Wald"

Ich habe Angst ...

Oh, das kann ich gut verstehen. Toll, dass du es überhaupt hierher geschafft hast!

Ja, aber was machen wir jetzt bloß?

Hm ...

Ich habe eine Idee! Wir erwecken den alten Leuchtturm zum Leben!

Wie meinst du das??

Wir zünden das Leuchtfeuer an und versuchen damit, Rocky und seine Freunde zu finden!

Ein Licht in
der Finsternis

Wir müssen in den Materialraum, dort ist der Schalter für die Lampe!

Und die Schietwetterkleidung! Und die Ferngläser!

Keine Zeit für den Aufzug. Los, die Treppe!

Bingo! Da ist er!

AN

AUS

RRRRRRRR

Ah, die Linsen beginnen, sich zu drehen. Es funktioniert noch!

Wow, schaut mal, was für ein toller Lichtstrahl!

Ab auf den Balkon!

56

Oh nein, das ist tatsächlich Rocky!

Sie sind vom Wasser eingeschlossen.

Wir müssen sie retten! Unten am kleinen Steg ist doch ein Bötchen. Ich werde zur Sandbank rudern!

Ich komme mit!

Bist du sicher?

Ja, ich lass dich nicht allein!

Dann bleibe ich hier und passe auf das Leuchtfeuer auf!

In Ordnung! Lass uns gehen, Ahab!

Auf hoher See

Ich helfe dir, ich flattere und schiebe!

Eins, zwei, eins, zwei ...

Da kommt eine sehr große Welle!!!

Eins, zwei, eins, zwei ... ich schau einfach nicht hin ...

Ogottogottogott ...!!!

Aaaaah! Achterbahn!!!

Weiter! Immer entlang des Lichtstrahls, du machst das super, Kätt!

Eine weitere, vorgelagerte Sandbank!

Ihr müsst zu uns schwimmen!

Waaa...? W... kön... ch... nicht hören!

Wir müssen zu ihnen! Aber wir können das Boot nicht allein lassen!

SCHLUCK

Ich fliege rüber!

Ich schaff das, ich schaff das!

Wir liegen auf einer Sandbank, ganz nah vor euch! Ihr müsst zu uns schwimmen!

Schwimmen?! Ich hasse schwimmen!

Egal, du musst!

Es gibt keinen anderen Weg! Los, kommt!

# Die Rettung

65

Oh nein!
Oh nein!
Das Licht!

Die Glühbirne ist kaputt!

Vielleicht ist unten im Materialraum noch eine?

Aaah!
Keine
Glühbirne!!!

GLÜHBIRNEN

Was mache ich bloß?

Die Petroleumlampe!!

Da ist Petroleum ... schnell einfüllen ... anzünden ...

GLÜHBIRNEN

Schnauf, keuch ...

Geht!

Uff! Gott sei Dank!

Er leuchtet wieder!

Sie sind wieder auf Kurs. Sehr gut.

Geschafft!!!

Zum Glück, da seid ihr ja!!!

Los, kommt schnell in die warme Stube!

Puh ...

Vielen, vielen Dank für Ihre Hilfe, Frau ... äh ... Katze? Das war wirklich unglaublich.

Frau Katze??? Ich bin's doch, Kätt!

Huch! Kätt! Und Mops! Ich habe euch in diesen Anzügen gar nicht erkannt! Was macht ihr denn hier??

Das könnten wir dich auch fragen!

Na, ich mache hier Urlaub!

Wir auch!

Was für ein Zufall!!!

Ich hatte euch gewarnt!! Aber ihr wolltet nicht hören!

Ja, du hast recht, tut uns leid. Wir waren wirklich dumm ...

Lasst uns erst mal einen heißen Tee trinken.

Und so verbrachten sie alle einen schönen, gemütlichen Abend.

Wohnt ihr auch im Wald?

Ah!

Ja, in der Nähe der Elfen.

So, Zeit fürs Bett, denke ich. Ihr bleibt doch die Nacht bei uns, oder?

Sehr gerne, danke!

Am nächsten Morgen, nach einem leckeren Frühstück und einer spannenden Leuchtturmtour.

Was für ein tolles Wetter heute! Müsst ihr wirklich schon abreisen?

Ja, unser Urlaub ist vorbei, gestern war unser letzter Tag.

Und was für ein Tag!

Ja, allerdings!

Kommt gut heim! Wir sehen uns sicher bald im Wald!

Macht's gut, kleine Freunde, und danke noch mal!

Nichts zu danken, dafür sind Freunde da.

71

# Tipps und Tricks für einen gemeinsamen Wattspaziergang

Ihr braucht Sonnenschutz, eine Jacke, falls es kälter wird, Gummistiefel und Proviant. Packt eure eigenen Brotdosen und Trinkflaschen ein.

Ihr könnt auch barfuß laufen, wenn ihr unempfindlich seid. Dann spürt ihr den Matsch zwischen den Pfoten ... äh, Zehen. Aber passt auf, dass ihr nicht auf scharfe Muscheln tretet.

Seht euch mal den Boden genauer an: Überall liegen kleine Sandspaghettihäufchen. Die hat der Wattwurm gemacht. Er frisst den Sand zusammen mit den klitzekleinen Lebewesen darin und der Rest kommt dann hinten wieder raus.

Schaut mal in die kleinen Pfützen. Was könnt ihr dort entdecken?

Der Boden ist mit Spuren bedeckt. Wer hat die wohl gemacht?

Ihr könnt bunte Muscheln sammeln. Einige Muscheln haben kleine Löchlein. Nehmt die auch mal mit, ich erkläre euch gleich, warum.

Und ganz wichtig: Atmet mal so richtig tief ein und genießt die frische Luft und die Weite!

Bei Schietwetter könnt ihr es euch zu Hause mit einer Tasse Tee gemütlich machen und ein tolles Muschel-Mobile basteln.

Dazu braucht ihr einen Ast, verschieden lange Schnüre und die Muscheln mit den Löchern.

Befestigt die Muscheln an den Schnüren und diese am Ast.

Jetzt seid ihr richtig tolle Wattexperten!

1. Auflage 2021
© 2021 cbj Kinder- und Jugendbuchverlag
in der Penguin Random House Verlagsgruppe GmbH,
Neumarkter Str. 28, 81673 München
Alle Rechte vorbehalten
Umschlagbild und Innenillustrationen: Vera Schmidt
Umschlaggestaltung: Maria Proctor unter Verwendung
einer Illustration von Vera Schmidt
aw • Herstellung: AJ
Satz und Reproduktion: Mohn Media Mohndruck GmbH, Gütersloh
Druck: Mohn Media Mohndruck GmbH, Gütersloh
ISBN 978-3-570-17859-1
Printed in Germany

www.cbj-verlag.de

Foto: © Sandra Ruth

Vera Schmidt verbrachte jeden Urlaub ihrer Kindheit am Meer, sammelte Muscheln für ihre zahllosen Sandburgen, begegnete Mini-Kraken, sprang in die tosenden Wellen des Atlantiks und tauchte, bis die Lippen blau wurden. Nach ihrem Abschluss in Kommunikationsdesign und sechs Jahren in einer großen Werbeagentur, folgte sie ihrem Herzen und arbeitet heute als Kinderbuchillustratorin. Nun hat sie ihre eigenen Geschichten geschrieben und lässt Mops und Kätt die Abenteuer und Wunder der Nordsee erleben.

Sven Gerhardt

# DIE HEUHAUFEN- HALUNKEN

| Die Heuhaufen-Halunken | Volle Faust aufs Hühnerauge | Gülleduft und Großstadtmief | Rache ist Süßkram |
|---|---|---|---|
| 160 Seiten, | 160 Seiten, | 160 Seiten, | 160 Seiten, |
| ISBN 978-3-570-17389-3 | ISBN 978-3-570-17419-7 | ISBN 978-3-570-17505-7 | ISBN 978-3-570-17581-1 |

Keine Frage, Meggy liebt Dümpelwalde, auch wenn es von Fremden gerne als das »Ende der Welt« bezeichnet wird. Blöd nur, wenn die Sommerferien anstehen und kein Urlaub in Sicht ist. Aber Meggy wäre nicht die Anführerin der Halunken, hätte sie nicht längst eine geniale Ganovenidee. Im Bandenquartier in der alten Scheune überzeugt sie ihre Freunde von ihrem großen Ferien-Rettungsplan: Einem richtigen Halunken-Urlaub mit Zelt am Badesee – natürlich ohne Eltern, dafür mit dem alten Volvo aus der Scheune. Denn: »Bekommt man vor Langeweile eine Meise, macht man sich am besten auf die Reise!«

cbj
www.cbj-verlag.de

Sven Gerhardt

# MISTER MARPLE
## und die Schnüfflerbande

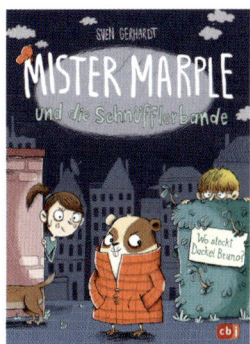

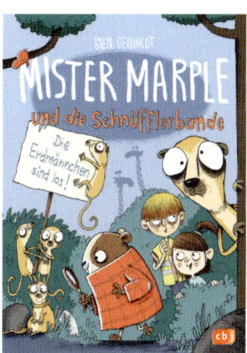

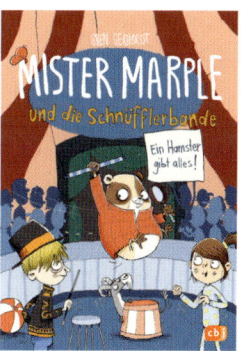

**Wo steckt Dackel Bruno?**
Band 1, 160 Seiten,
ISBN 978-3-570-17643-6

**Die Erdmännchen sind los**
Band 2, 160 Seiten,
978-3-570-17737-2

**Auf frischer Tat ertapst**
Band 3, 160 Seiten
978-3-570-17785-3

**Ein Hamster gibt alles!**
Band 4, 160 Seiten
978-3-570-17818-8

Die Schnüfflerbande, das sind Theo, Elsa und Hamster Mister Marple. Ihre
Spezialität sind »tierische Angelegenheiten« aller Art, was nicht zuletzt Mister
Marple zu verdanken ist, der für diese Fälle ein besonders feines Spürnäschen
hat. Auch wenn Theo und Elsa total unterschiedlich sind, halten sie immer fest
zusammen und können so fast jeden Fall lösen.

www.cbj-verlag.de